FUNNY TALES IN

Volum

Vacaciones con Jaimito

SPANISH READER FOR BEGINNERS
Elementary Level

Selected and translated by:
Álvaro Parra Pinto

Edited by
Alejando Parra Pinto

Ediciones De La Parra

EDICIONES DE LA PARRA
Caracas, Venezuela 2014

Copyright c 2014 by Alvaro Parra Pinto
All rights Reserved

FUNNY TALES IN EASY SPANISH

Volume 3

Vacaciones con Jaimito

Intermediate Level

This volume was written in simple, easy Spanish for elementary-level students. Fun and easy to read, the text was edited and simplified to increase language comprehension and ease reading practice with simple wording, short sentences, and moderate, elementary-level vocabulary

ALL RIGHTS RESERVED

This book may not be reproduced in whole or in part, by any method or process, without the prior written permission from the copyright holder. Unauthorized reproduction of this work may be subject to civil and criminal penalties.

Copyright © 2014 by Alvaro Parra Pinto. All rights Reserved

ISBN-13: 978-1502846624
ISBN-10: 1502846624

Amazon Author page:
http://amazon.com/author/alvaroparrapinto

Volume 3: Vacaciones con Jaimito

CONTENIDO

¡DE VACACIONES! Page 1

EL REGALO Page 3

LOS PASAJES Page 4

EL HOMBRE DORMIDO Page 5

LA SALIDA Page 7

EL CAPITÁN Page 8

TURBULENCIA Page 10

ESTADÍSTICAS Page 11

DEJE DE QUEJARSE Page 12

EL WHISKY Page 13

CIUDAD DE MÉXICO Page 14

EL TAXISTA Page 15

EL CONCURSO Page 17

EL PARQUE Page 20

EL MUSICAL Page 21

BUENAS NOCHES Page 22

LA ADIVINADORA Page 23

EL CIRCO Page 25

EL ZOOLÓGICO Page 26

EL RESTAURANTE Page 28

LA SOPA Page 29

EL CUADRO 31

LA CARTERA 33

EL HIPO Page 34

LAS MOSCAS Page 35

EL TAXI Page 36

TOQUE DE HOMBRO Page 38

TEOTIHUACÁN Page 39

EL AUTOBÚS Page 41

MÁXIMA Page 42

LAS VACAS Page 43

DESCANSAR Page 45

CHICHEN-ITZÁ Page 46

NUESTROS ORÍGENES Page 47

CONOCIMIENTOS Page 49

ACAPULCO Page 50

EL PINGÜINO Page 52

EL PERRO Page 53

LOS BOMBONES Page 54

LA FARMACIA Page 55

LA CAÑA DE PESCAR Page 57

REGRESO A CASA Page 58

ABOUT THE AUTHOR Page 59

Volume 3: Vacaciones con Jaimito

¡DE VACACIONES!

¡Esa mañana Jaimito se levantó muy feliz! ¡Aquel era el último día de clases! Y lo mejor de todo es que esa misma noche saldría de viaje en avión con sus padres! ¡Aquellas serían unas vacaciones inolvidables!

Al llegar a la escuela Jaimito se encontró con su amiga María y juntos caminaron hasta el salón de clases.

-¡Ay, María! –dijo Jaimito mientras caminaban-. ¡Estoy tan emocionado porque nos vamos de viajes!

-¡Qué bueno, Jaimito! ¿Y a dónde piensan ir?

-¡Iremos a conocer las pirámides de México!

-¿Irán a México? ¡Qué suerte tienes, Jaimito! Yo tengo ganas de ir a Nueva York estas vacaciones, al igual que el año pasado.

-¿Qué dices, María? ¿El año pasado fuiste a Nueva York en vacaciones?

Y ella respondió:

-¡No, Jaimito! ¡Pero el año pasado también tenía ganas!

Volume 3: Vacaciones con Jaimito

EL REGALO

Después del último día de clases, Jaimito llegó a su casa y le dijo a su papa:

-Papa, ¿te acuerdas que a principio de año me dijiste que me comprarías una bicicleta nueva si pasaba el año?

El papa le respondió:

-Si, hijo, lo recuerdo. ¿Por qué lo dices? No me digas que...

Jaimito lo interrumpió y le dijo:

¡Si papa! ¡Te ahorre ese gasto!

LOS PASAJES

Aquella era la primera vez que el papá de Jaimito realizaba un viaje en avión.

Cuando llegó a la taquilla de venta de pasajes, no tenía la más mínima idea de qué debía hacer, así se fijó en lo que dijo la muchacha que estaba en la fila antes de él:

-¡Hola! –dijo ella-. Quiero un pasaje para Florida, sólo ida…

Entonces le toco su turno al papá de Jaimito y él respiró profundo y dijo:

-¡Hola! Quiero tres pasajes para México, sólo ico!

Volume 3: Vacaciones con Jaimito

EL HOMBRE DORMIDO

Cuando Jaimito terminó de subir al avión, sus padres se sentaron juntos y él tuvo que sentarse junto a un hombre que estaba dormido.

Jaimito estaba preocupado porque era su primer viaje en avión y tenía miedo. Que si se va estrellar, que si no despega, que si se cae después que despegue, en fin, el pobre estaba tan nervioso que comenzó a sentirse muy mal.

De pronto el avión comenzó a despegar y Jaimito se sintió tan mal que le dieron ganas de vomitar.

Como tenía el cinturón puesto y no le dio tiempo de ir al baño, Jaimito vomitó sobre el hombre que estaba dormido.

Cuando se recuperó de su malestar, Jaimito se limpió bien y se quedó tranquilo en su asiento, leyendo una revista.

Después de media hora, el pasajero dormido se despertó y se vio todo lleno de vómito.

Entonces Jaimito le preguntó en tono amistoso:

-¿Amigo, ya se siente usted mejor?

Volume 3: Vacaciones con Jaimito

LA SALIDA

Cuando entraron al avión Jaimito le preguntó a su papá.

-Papá, ¿si el avión se incendia por dónde sale?

-No lo sé, hijo…

-¡Pues yo sí lo sé, papá!

-¿Por dónde hijo?

-Pues, si el avión se incendia ¡sale por la televisión!

EL CAPITÁN

Cuando la mamá de Jaimito tomó asiento en el avión escuchó que afuera estaba tronando y se puso muy nerviosa. A decir verdad, se puso tan nerviosa que pidió hablar con el capitán de la nave.

-Dígame, capitán –dijo ella-, ¿si le cae un rayo a un motor qué pasa?

El Capitán le respondió:

-Bueno con los otros tres motores estamos capacitados para volar perfectamente bien.

Y ella le preguntó de nuevo:

¿Y si le cae un rayo a otro motor , capitán?

El capitán le respondió:

-Bueno, señora, con dos motores aún podemos llegar más o menos a una buena distancia a si volamos a toda máquina.

Y ella le preguntó de nuevo:

-Y si le cae otro rayo a un tercer motor?

Volume 3: Vacaciones con Jaimito

El Capitán le respondió:

-Bueno, señora, volando a toda máquina, con un motor, es posible que podamos llegar al aeropuerto más cercano sin problemas...

Entonces dice la señora:

-¿Y si le cae un rayo a ese único motor?

-Bueno, entonces sacaríamos sacamos uno de repuesto y lo ponemos a funcionar hasta que lleguemos a la ciudad más cercana.

-¿Y si le cae otro rayo a ese motor?

-Bueno, sacaríamos el segundo motor de repuesto lo ponemos a ver dónde aterrizamos.

Y dice la señora:

-Capitán, ¿de dónde saca usted tantos motores de repuestos?

-¡Pues, del mismo lugar donde está sacando usted tantos rayos!

TURBULENCIA

Después de hablar con el capitán, la mamá de Jaimito regresó a su asiento.

Pero mientras el avión continuaba su vuelo, hubo una turbulencia y todo se agitó.

Entonces la mamá de Jaimito, preocupada, le preguntó a la azafata:

-Señorita, en caso de que caigamos, ¿hay algo que nos detenga?

Y la azafata le contestó:

-¡Por supuesto, señora! En caso de que caigamos sí hay algo que nos detenga: ¡el suelo!

Volume 3: Vacaciones con Jaimito

ESTADÍSTICAS

El papá de Jaimito tomó una de las manos de su esposa y le dijo:

-Por favor, mi amor, ya no te preocupes más y disfruta de nuestro primer viaje en avión...

-Es que me da mucho miedo volar... -dijo ella.

-Pues no te preocupes, mujer. Las estadísticas indican que en realidad volar en avión es muy seguro.

-¿Sí? ¿Eso dicen las estadísticas? –preguntó ella.

-¡Por supuesto! –dijo él-. ¡Las estadísticas dicen que prácticamente la totalidad de los fallecidos en accidentes aéreos mueren al llegar al suelo!

DEJE DE QUEJARSE

Durante el vuelo la azafata se acercó a ver qué le ocurría a un hombre que protestaba amargamente.

-¡Estoy harto de esta aerolínea! –gritaba el hombre-. ¡Siempre me toca el mismo asiento! ¡Nunca puedo ver la película! ¡Y como las ventanillas no tienen persianas tampoco puedo dormir!

A lo que la azafata respondió:

-¡Deje de quejarse y aterrice de una vez, capitán!

Volume 3: Vacaciones con Jaimito

EL WHISKY

El papá de Jaimito llamó a la azafata y le dijo:

-Azafata, ¿me sirve otro whisky?

-Lo siento, señor –dijo ella-, pero ya vamos a tomar tierra.

-¡Pues, yo no quiero tomar tierra! ¡Yo quiero tomar otro whisky!

CIUDAD DE MÉXICO

Jaimito y sus papás quedaron maravillados cuando finalmente llegaron al *Aeropuerto Internacional de la Ciudad de México*, también conocido como el *Aeropuerto Internacional Benito Juárez*.

-En condiciones óptimas, -dijo el papá de Jaimito-, este aeropuerto es capaz de recibir hasta 32 millones de pasajeros al año.

-¿Tantas personas?

-Así es, Jaimito, ¡y tú eres una de ellas!

-¿Yo? ¡Qué suerte la mía, papá!

Volume 3: Vacaciones con Jaimito

EL TAXISTA

Apenas tocaron tierra, lo primero que hizo el papá de Jaimito fue conseguir un taxi.

Poco antes de salir de viajes, varios de sus amigos le aconsejaron que tuviera cuidado cuando llegara al aeropuerto de México. Que tomara un taxi del aeropuerto al hotel y que no se detuvieran a hablar con nadie para no ser víctima de algún robo o estafa.

Así que después de conseguir un taxi, el papá de Jaimito colocó los bolsos de viaje en el maletero del vehículo y le preguntó al taxista cuál era el precio del viaje.

El taxista les dijo que eso lo marcará el taxímetro exactamente. Y se lo mostró.

Minutos después, al llegar al hotel, observan que el taxímetro marca 200 pesos exactamente.

Para evitar errores, el papá de Jaimito le preguntó al taxista cuánto debían pagar y el taxista les dijo que eran 200 pesos más 30 pesos, pues el equipaje que llevaron en el maletero se cobraba aparte de lo que marcaba el taxímetro.

Esto indignó al papá de Jaimito, quien dijo:

-¡Vaya! ¡Usted nos ha visto cara de ignorantes y nos quiere estafar! ¡Se equivoca con nosotros! El taxímetro sólo marca 200 pesos y eso es lo que la vamos a pagar.

El taxista, para evitar problemas, les dijo que estaba bien y que le pagaran lo que marcaba el taxímetro.

Entonces el papá de Jaimito sacó el dinero, 200 pesos por cada uno de ellos, y le entregó 600 pesos al taxista diciéndole:

-¡Se equivoca si nos vio caras de ignorantes! ¡Y cuidado con estafar a alguien la próxima vez!

Volume 3: Vacaciones con Jaimito

EL CONCURSO

Después de llegar al hotel, Jaimito y sus papás dejaron sus equipajes en la habitación.

Minutos después, salieron a recorrer la **Ciudad de México**, donde disfrutaron de diversas actividades y visitaron varios lugares de interés; incluyendo la Catedral Metropolitana y sus incontables museos.

Camino de regreso al hotel, Jaimito y sus padres pasaron por la Universidad Autónoma de la Ciudad de México.

-¿Sabían algo? –dijo el papá de Jaimito-. La Universidad Autónoma de la Ciudad de México fue creada el 26 de abril de 2001 por decreto del Jefe de Gobierno de la Ciudad de México..."

-Eso es muy interesante, papá. Pero, ¿por qué ese grupo de gente rodea a ese hombre joven?

-No lo sé –dijo el papá.

Jaimito caminó hacia el grupo de personas y se acercó al joven.

-Disculpe usted –le dijo Jaimito-¿pero por qué hay tanta gente rodeándolo a usted?

-Es que estoy haciendo un concurso de inteligencia, niño –dijo el joven.

-¿Un concurso de inteligencia?

-Así es, niño… Yo hago una pregunta y si tú la respondes correctamente yo te doy mil dólares, pero si no me la respondes tú me das un dólar… Y tú también puedes hacerme una pregunta…. Y si yo la contesto correctamente, sólo me pagarás $1 y si no logro contestarla entonces te doy $1.000… ¿Quieres jugar?

-¡Qué interesante señor! ¡Sí, tengo un dólar! ¡Quiero jugar!

Jaimito sacó su dólar y el joven se rió.

-De acuerdo, niño, entonces juguemos… Dime, ¿cuánto es 105 multiplicado por 705?

-¡Ay! ¡Eso es trampa! ¡Sólo me sé la tabla de multiplicar hasta el 10!

-Trampa o no, niño, me debes un dólar…

Volume 3: Vacaciones con Jaimito

Jaimito le da el dólar y el joven le dice:

-Es tu turno ahora, niño, pregúntame lo que desees…

Jaimito pensó unos instantes antes de decir su pregunta:

-¿Cuál es el animal que cuando sube la montaña, sube con 4 patas, y al bajar regresa con 5 patas?

Entonces el filósofo se quedó pensativo y después de unos minutos le dijo a Jaimito:

-¡Me rindo! ¡Está muy difícil! No puedo contestar tu pregunta, así que toma tus mil dólares…

Jaimito tomó los billetes con una enorme sonrisa.

-Y ahora, niño, por favor dime la respuesta…

-¡Ah! Pues yo tampoco sé la respuesta, joven, tome usted un dólar…

EL PARQUE

El papá de Jaimito decidió comprar unos helados y cruzó un parque a solas. En ese momento llegó un joven que le preguntó:

-Disculpe señor, ¿por casualidad no ha visto a un par de policías por el parque?

Y el papá de Jaimito mayor le contestó:

- Pues... no, amigo, ¿por qué? -Ah, entonces, ¡arriba las manos porque esto es un atraco!

Volume 3: Vacaciones con Jaimito

EL MUSICAL

Esa noche Jaimito y sus padres fueron a ver un musical en el Teatro Benito Juárez.

De repente, la mamá de Jaimito codea a su esposo y le dice en voz baja:

-¿Viste? Aquel hombre se ha quedado dormido!

Y el marido le contesta:

-¿Y para decirme eso me despiertas?

BUENAS NOCHES

Los padres de Jaimito estaban acostados en la cama del hotel, preparados para dormirse.

Entonces ella le dice a él:

-Amor mío, ¡Gracias por estas vacaciones! Y dime, ¿yo te sigo gustando?

-Si cariño.

-¿Tú me quieres?

-Claro que si mujer...

-¿Hasta cuándo?

-¿Hasta cuándo? ¡Pues hasta mañana! ¡Duérmete ya!

Volume 3: Vacaciones con Jaimito

LA ADIVINADORA

El día siguiente, Jaimito y sus padres salieron a recorrer la ciudad.

Cuando cruzaron una calle del mercado, la mamá de Jaimito vio a una gitana con un cartel que decía "ADIVINADORA".

La mamá de Jaimito se le acercó y le preguntó:

-Dígame, señora, ¿usted cuánto cobra por una consulta rápida?

-Cobro cien dólares por tres preguntas –dijo la gitana.

-¡Vaya! ¡Me parece un poco caro! ¿No cree usted?

La adivinadora la mira y le contesta:

- Sí, señora... y ahora dígame, ¿cuál es su tercera pregunta?

EL CIRCO

Cuando Jaimito y sus padres llegaron a México, un circo tenía pocos días en la ciudad. Cuando llegó había anunciado por todas partes:

-¡Señores y señoras! ¡Vengan todos al circo a mirar el león más feroz del mundo por sólo 50 pesos!

Pero como a la hora de la función nadie llegó, el dueño decidió bajar el precio y el día siguiente anunció:

-¡Vengan a ver al león más feroz nunca antes visto por sólo 30 pesos!

Pero nadie vino a ver el espectáculo. Entonces el día siguiente anunció:

-¡Señores y señoras! ¡Vengan todos al circo a mirar el león más feroz del mundo completamente gratis!

Ese día Jaimito y sus padres estaban paseando en la ciudad de México cuando oyeron el anuncio y decidieron ir al circo.

Fue tanta gente a ver al león más feroz del mundo que se llenó la carpa y casi reventó.

Volume 3: Vacaciones con Jaimito

Después de presentar el espectáculo del león, el dueño del circo mandó a cerrar la salida y dijo:

-Señoras y señores: Les informamos que estaremos cobrando 200 pesos por la salida, ¡y si no pagan vamos a dejar libre al león!

EL ZOOLÓGICO

Esa tarde Jaimito y sus padres fueron a ver el Zoológico de Chapultepec, localizado en el bosque de Chapultepec.

-¡Este zoológico es increíble! —exclamó el papá de Jaimito cuando llegaron-. Fue inaugurado en 1923 por el biólogo mexicano Alfonso Luis Herrera y abrió sus puertas con una colección de 243 animales. ¡Hoy en día es el zoológico más visitado de México, con cerca de dos mil animales de 250 especies diferentes!

-Ay, papá, todo eso está muy bien, ¡pero yo quiero ver a los elefantes!

Cuando finalmente llegaron a la jaula de los elefantes Jaimito quedó maravillado viendo aquellos enormes animales de larga trompa.

-A ver papá, tú que sabes tanto, respóndeme una pregunta: ¿Cómo sacas a un elefante del agua?

-¿Cómo Jaimito?

-¡Mojado!

Volume 3: Vacaciones con Jaimito

-¡Ja, ja, ja! –se rio el papá.

-¿Y por qué el elefante no anda en triciclo?

-No lo sé, hijo, ¿por qué?

-¡Porque su hijo, el elefantito, no se lo quiere prestar!

-¡Qué ocurrencias, Jaimito! –dijo el papá.

-¿Y por qué los elefantes no usan computadora?

-¿Por qué será, hijo'

-¡Porque le tienen miedo al ratón!

EL RESTAURANTE

Esa noche Jaimito y sus padres fueron a un lujoso restaurante de ciudad de México.

La mamá de Jaimito pidió una sopa.

- Camarero, una tortilla –pidió Jaimito.

-¿Francesa o española ? –preguntó el camarero.

-¿Qué más da! ¿Acaso cree que yo voy a hablar con ella?

El papá de Jaimito miró el menú y dijo:

-Camarero, ¿tiene usted ancas de rana?

-¿Ancas de rana? Sí, señor.

-¡Bueno, pues brinque hasta la cocina y tráigame un filete, por favor!

Volume 3: Vacaciones con Jaimito

LA SOPA

La mamá papá de Jaimito paseó su mirada por el interior del restaurant y al ver al camarero lo llamó:

-¡Camarero!

-Dígame señora –dijo el camarero acercándose de prisa a la mesa.

-Pruebe la sopa, por favor –dijo la mamá de Jaimito.

-Señora, ¿acaso hay una mosca en la sopa? Si quiere se la puedo cambiar…

-No, camarero, no hay una mosca en la sopa, sólo le pido que pruebe la sopa.

-¿Por qué, señora? ¿Acaso está fría? Si es así, se la caliento…

-No, camarero, sólo le pido que pruebe la sopa...

-Pero señora, por favor, ¿que tiene la sopa? ¿Acaso tiene un cabello?

-¿Un cabello? ¡No! ¡Ande! ¡Pruebe la sopa!

-Pero señora, por favor, dígame que tiene la sopa... Si usted lo desea se la cambio.

-¡Que pruebe la sopa! –dijo la mamá de Jaimito evidentemente enfadada.

-¡De acuerdo, de acuerdo! La voy a probar, señora... Pero, ¿y dónde está la cuchara?

-¡Exacto, mesonero! ¡Tráigame la cuchara, por favor!

Volume 3: Vacaciones con Jaimito

EL CUADRO

Después de cenar, Jaimito y sus padres fueron al Museo de Arte Moderno de México, en el Bosque de Chapultepec. Mientras admiraban las estupendas obras de arte que estaban en exhibición, Jaimito vio a dos hombres discutiendo:

-¡Pues este cuadro es de un amanecer, tal como lo indican sus colores cálidos, los cuales rompen la imagen clásica del cubismo y el arte abstracto para plasmarse más allá de la realidad que involucra el sueño al despertar.....

-¡No insista! ¡Ya le dije que no es un amanecer sino un atardecer!

-¿Un atardecer? ¿Estás loco? ¡Este cuadro es de un amanecer! Yo estudié en Cambridge y Harvard, tengo tres maestrías en arte moderno, ¡así que le aseguro que es un amanecer!

-¿Pues sí? Entonces sepa usted que yo conozco muy bien al autor del cuadro y ese no se levanta temprano nunca, ni para cobrar el desempleo, ¡así que le aseguro que el cuadro es de un atardecer!

Volume 3: Vacaciones con Jaimito

LA CARTERA

Cuando llegaron al hotel, el papá de Jaimito buscó su cartera durante más de una hora y finalmente le preguntó a su esposa:

-Mi amor, ¿por casualidad has visto mi cartera?

-Si la hubiera visto, cariño, ¡estaría de compras!

EL HIPO

La mamá de Jaimito salió de emergencia del hotel y entró a una farmacia que estaba cerca del hotel. Entonces le preguntó al farmacéutico si tenía algo para el hipo.

El farmacéutico en vez de contestarle le dio cuatro bofetadas.

Entonces, colocándose detrás del mostrador, le preguntó que si se le había quitado el hipo.

La mamá de Jaimito le contestó:

-¡No, idiota! ¡La medicina es para mi hijo que está esperándome en el hotel!

Volume 3: Vacaciones con Jaimito

LAS MOSCAS

-¡Mamá! ¡Mamá! ¡Se me quitó el hipo!–dijo Jaimito cuando su mamá regresó al hotel-. ¡Y además quiero decirte algo!

-¿Qué quieres decirme, Jaimito?

-Que mientras fuiste a la farmacia maté cuatro moscas: ¡dos machos y dos hembras!

-¡Ay, Jaimito! ¿Y cómo sabes si eran macho o hembra?

-¡Porque dos estaban en la cerveza y las otras dos en el teléfono!

EL TAXI

El día siguiente, muy temprano, Jaimito y sus padres tomaron un taxi a Teotihuacán, donde esperaban pasar el día.

Cruzaban la autopista a bordo del taxi cuando de pronto el papá de Jaimtio vio otro carro que llevaba una lata arrastrando.

-¡Señor! –le dijo al taxista-. ¡Péquese a ese carro! ¡Debo advertirle al conductor que lleva una lata arrastrando!

El taxista se pegó al otro carro y el papá de Jaimito, asomado por la ventana, le gritó al conductor:

-¡Oiga, señor! ¡Usted lleva una lata arrastrando!

El conductor del otro carro le respondió:

-¿Qué dice?

-¡Que usted lleva una lata arrastrando! –repitió el papá de Jaimito.

-¿Qué dice usted? ¡No le escucho!

Volume 3: Vacaciones con Jaimito

-¡Dios mío! ¡Que usted lleva una lata arrastrando!

-¡Señor! –gritó el otro conductor-. ¡Hable más duro por favor, porque llevo una lata arrastrando!

TOQUE DE HOMBRO

En el taxi, camino a Teotihuacán, el papá de Jaimito le tocó el hombro al taxista para hacerle una pregunta.

En ese momento el taxista gritó como loco, perdió el control del automóvil y casi choca con un camión...

Después de detener el vehículo, el taxista seca su frente con un pañuelo y respira profundo.

-Mire amigo, -dice el taxista-. ¡Jamás haga eso otra vez! ¡No me vuelva a tocar el hombro mientras conduzco! ¡Casi me mata del susto!

El papá de Jaimito le pidió disculpas y le dijo:

-¡No pensé que se fuera a asustar tanto si le tocaba el hombro, señor!

El taxista le dice:

-¡Lo que pasa es que es mi primer día de trabajo como taxista!

-¿Y qué hacía antes?

-¡Fui chofer de carroza funeraria durante 25 años!

TEOTIHUACÁN

Finalmente Jaimito y sus padres llegaron a Teotihuacán, una antigua ciudad levantada por los indígenas de México.

Cuando llegaron, el papá de Jaimito les dijo:

-¿Sabían ustedes que Teotihuacán es una de ciudades más antiguas de México? Estaba dirigida por sacerdotes y ofrecían sacrificios humanos...

-¿Sacrificios humanos? –preguntó Jaimito.

-Sí, hijo. Ellos creían que los sacrificios humanos servían para calmar a los dioses y para que el sol pudiera levantarse cada día... El nombre de "Teotihuacán" quiere decir "donde nacen los dioses", y aún se desconoce quiénes son sus verdaderos fundadores.

Ese día, Jaimito y sus padres recorrieron la legendaria ciudad de Teotihuacán, incluyendo las imponentes Pirámides del Sol y de la Luna, así como el eje principal de la ciudad, conocido como la "Calzada de los

Muertos", en cuyos lados se encuentran los más importantes edificios de esta urbe prehispánica.

Cuando regresaron al hotel, Jaimito y sus padres estaban descansando en la habitación y sonó una llamada.

-¿Aló? –dijo el papá de Jaimito tomando el teléfono-. ¿Quién llama?

-Soy yo, tu hermano –dijo la voz del teléfono-. ¡Ésta es una llamada internacional! Estoy en un aprieto, hermano, y necesito mil dólares!

-No se escucha bien, hermano...

-¡Digo que estoy en un aprieto y que necesito mil dólares!

-La línea está estropeada, hermano, sigo sin oír nada...

En esto intervino la operadora:

-Qué raro, señor, ¡yo escucho perfectamente!

-¿Ah sí? –dijo el papá de Jaimito-. ¡Pues entonces mándele usted el dinero!

Volume 3: Vacaciones con Jaimito

EL AUTOBÚS

El día siguiente Jaimito y sus padres tomaron el autobús muy temprano.

Se subieron muy contentos, dispuestos a divertirse. En la parte delantera del autobús había un letrero que decía "Chichen-Itzá".

Al montarse, el papá de Jaimito le preguntó al conductor:

-Señor, ¿hasta dónde llega este bus?

Y el conductor respondió:

-Pues, ¡llega hasta la parte de atrás!

MÁXIMA

Cuando el autobús iba a mitad de camino, vieron un cartel en la autopista que decía:

"Máxima 60".

El conductor del bus de inmediato bajó la velocidad.

Poco después vieron otro cartel que decía:

"Máxima 40".

Otra vez el conductor bajó la velocidad, pero poco después vieron uno que decía:

"Máxima 15".

El conductor siguió bajando la velocidad hasta llegar a un cartel que decía:

"Bienvenidos a Máxima"

Volume 3: Vacaciones con Jaimito

LAS VACAS

Mientras que el autobús echaba gasolina en la población de Máxima, poco antes de continuar su viaje, Jaimito vio a un campesino con un par de vacas y le preguntó:

-Disculpe señor, ¿pero esas vacas son mexicanas?

-Esta sí, respondió el campesino.

-¿Y la otra? –preguntó Jaimito.

-La otra también –respondió el campesino.

-Y dígame, ¿estas vacas dan mucha leche?

-Esta sí –respondió el campesino.

-¿Y la otra?
-La otra también –respondió el campesino.

-Y dígame, ¿estas vacas son muy caras?

-Esta sí, responde Don Zoilo.

-¿Y la otra?

-La otra también –respondió el campesino.

-¡Ay, señor! —exclamó Jaimito-. Por favor, dígame una cosa: ¿Por qué cada vez que le pregunto por las vacas me responde que esta sí y después me dice que la otra también?

A lo que el campesino le respondió:

-Lo que pasa, niño, es que esta vaca es mía.

-¡Ah, ahora lo entiendo! —dijo Jaimito-. Y dígame, señor, ¿y la otra?

-¡La otra también es mía!

Volume 3: Vacaciones con Jaimito

DESCANSAR

Mientras el autobús cargaba gasolina, el papá de Jaimito vio a un campesino tirado a la sombra de un árbol descansando y le dijo:

-Hola amigo, ¿cómo estás?

-Muy bien, señor –contestó el campesino-. Aquí descansando…

-Dígame, ¿por qué usted no está trabajando sus tierras en vez de descansar?

-¿Y para qué? –preguntó el campesino.

-Pues, ¡para tener grandes cosechas y vender más!

-¿Y para qué?

-¡Para así poder ganar más dinero y poder comprar más ganado!

-¿Y para qué?

-Para tener una casa bonita y vivir tranquilo y descansar…

-¿Descansar? –dijo el campesino-. ¿Y qué rayos cree usted que estoy haciendo?

CHICHEN-ITZÁ

Después de un largo recorrido, el autobús finalmente llegó a Chichen Itzá. Todos quedaron impactados con las múltiples y monumentales edificaciones indígenas, encabezados por la Pirámide de Kukulcán, una de las construcciones más sorprendentes de la arquitectura maya.

-¡Este lugar es maravilloso! —exclamó el papá de Jaimito mientras subían los escalones de la pirámide-. Esta pirámide tiene cuatro lados y en su tope hay un templo rectangular. Si mal no recuerdo, tiene una altura de 24 metros y cada lado de la pirámide tiene una escalinata de 91 escalones por cada lado… ¡Ah! Y uno más que conduce al templo superior, dando 365 escalones en total, uno por día del año.

-¡Ay, papá! —exclamó Jaimito-. ¡No puedo creer que hayas perdido tanto tiempo memorizando esas cosas!

Volume 3: Vacaciones con Jaimito

NUESTROS ORÍGENES

Cuando regresaron al hotel, Jaimito se quedó pensando en las maravillas de la Pirámide de Chichen-Itzá y en aquellos misteriosos hombres que vivieron en las tierras de México y levantaron aquellas pirámides en tiempos lejanos.

Luego pensó en los antepasados de aquellos hombres, los primeros hombres del mundo, y se preguntó de dónde habían salido.

Lleno de dudas, Jaimito le preguntó a su madre:

-Mamá, ¿cómo se creó la raza humana?

-Pues hijo, Dios creó a Adán y a Eva y estos tuvieron hijos y así fue…

Insatisfecho con la respuesta, Jaimito fue a ver a su papá, quien había bajado a tomar sol en la piscina.

Jaimito no tardó en conseguir a su padre y le hizo la misma pregunta:

-Papá, ¿cómo se creó la raza humana?

Y su padre contestó:

-Pues, hace muchos, muchos años existieron los monos y fueron evolucionando hasta llegar al ser humano.

Jaimito, confundido, regresó a donde estaba su madre y le dijo:

-Mamá, ¿cómo es posible que tú digas que la raza humana la creó Dios y que papá diga que venimos de los monos?

-Mira, hijo, la respuesta es muy simple: ¡Yo te hablo de mi familia y tu padre te habla de la suya!

Volume 3: Vacaciones con Jaimito

CONOCIMIENTOS

Esa noche en el hotel el papá de Jaimito, preocupado por los conocimientos de su hijo, le preguntó:

-A ver, Jaimito, ¿cuál es la última letra del abecedario?

-¡La O!

-¡Será la Z!

-No, papá, ¡porque entonces sería abecedarioz!

-Ahora dime, Jaimito, ¿sabes quién fue Juana de Arco?

-Claro que lo sé, papá, Juana de Arco fue una drogadicta.

-¿Y tú de dónde sacaste eso, Jaimito?

-¡Pues del libro, papá! Dice que murió por heroína.

ACAPULCO

El día siguiente, Jaimito y sus padres se marcharon a Acapulco, donde esperaban divertirse en grande.

-¡Cómo me gusta Acapulco! —exclamó el papá de Jaimito acostado en su silla de playa bajo una sombrilla. —La primera vez que vine era un estudiante de Universidad. ¡Cómo ha crecido Acapulco desde que vine la última vez!

-¿Te parece que Acapulco ha crecido papá? -preguntó Jaimito-. ¡Pero si yo la veo del mismo tamaño desde que llegamos!

-Claro que ha crecido, Jaimito. Su crecimiento se debe a la magia de sus playas y sus calles, las cuales atrajeron a muchas celebridades y leyendas de Hollywood como Elizabeth Taylor, Johnny Weismueller, John Wayne, Gary Cooper… Todos ellos se enamoraron de este puerto de ensueño durante la época de oro de Acapulco.

-¡Tú si sabes cosas, papá!

Volume 3: Vacaciones con Jaimito

-Acapulco es la capital del turismo internacional mexicano, hijo. Tú también deberías saberlo. La magia y belleza de sus playas la han hecho famosa en el mundo entero.

Jaimito y sus papás lo pasaron divino en Acapulco, divirtiéndose en la playa, hasta que un mendigo sucio y harapiento se le acercó a la mamá de Jaimito mientras ella tomaba sol y le dijo:

-Miré, señora, disculpe usted, pero llevo 15 días sin comer...

-Pues ya debería usted bañarse, señor –dijo ella-, ¡que no se le va a cortar la digestión!

EL PINGUINO

Poco después de llegar a Acapulco, Jaimito conoció a un chico que llevaba un pingüino de la mano.

- Oye, niño –le dijo Jaimito-. ¿Qué haces con ese pingüino?

-Pues nada, me lo encontré y no sé qué hacer con él.

-Pues deberías llevarlo al zoológico.

-Chavo, ¡qué buena idea! Hoy mismo me lo llevo al zoológico...

Al día siguiente, Jaimito volvió a ver al mismo niño con el pingüino y le preguntó extrañado:

-¿Qué pasó? ¿Ayer no dijiste que llevarías al pingüino al zoológico?

-¡Claro que sí! ¡Ayer lo llevé al zoológico y nos divertimos tanto que hoy iremos al circo!

Volume 3: Vacaciones con Jaimito

EL PERRO

En Acapulco Jaimito conoció a otros dos niños y jugó con ellos en la playa.

Uno de los niños le dijo a Jaimito:

-¿Sabes algo, Jaimito? Yo tengo un perro que me despierta todas las mañanas para ir a la escuela, siempre a la misma hora…

-¡Es verdad! –dijo el otro niño-. ¡Y yo tengo un perro que además de despertarme todas las mañanas también limpia la casa.

-¿Ah si? –dijo Jaimito- Pues el perro que yo tenía... murió electrocutado.

-¿Por un rayo? –preguntó uno de los niños.

-No, ¡mi perro estaba arreglándome el televisor!

LOS BOMBONES

Esa tarde Jaimito compró unos bombones y se los comió todos en un minuto.

Entonces su mamá le amonestó:

-¡Ay, Jaimito! ¡Te comiste todos los bombones sin acordarte de mí!

-¡Claro que me acorde de ti, mamá! ¡Por eso me los comí tan deprisa!

Volume 3: Vacaciones con Jaimito

LA FARMACIA

La mamá de Jaimito entró a una farmacia en Acapulco y le dijo al farmacéutico:

- Una aspirina, por favor...

El farmacéutico sacó una aspirina enorme, del tamaño de un plato, y la envolvió.

La mamá de Jaimito, confundida, le preguntó al farmacéutico:

-Señor, ¿no tiene una aspirina más pequeña? ¿Una de tamaño normal?

Y el farmacéutico le respondió:

-¡Aquí en Acapulco fabricamos las aspirinas más grandes del mundo!

La mamá de Jaimito, asombrada, aceptó la enorme aspirina y dijo:

-Deme un tubo de pasta de dientes, por favor.

El farmacéutico sacó un tubo del tamaño de un termo y le dijo:

-¡En Acapulco fabricamos los tubos de pasta dentífrica más grandes del mundo! ¿Quiere usted algo más?

La mamá de Jaimito lo pensó un poco y después de unos instantes le respondió:

- No, gracias, señor… ¡Mejor compro los supositorios cuando regrese a casa!

Volume 3: Vacaciones con Jaimito

LA CAÑA DE PESCAR

Esa tarde Jaimito y su padre fueron a pescar en las costas de Acapulco.

-Hijo mío, ¿ves esta caña? Tiene una larga historia familiar y quiero que la conozcas…

-Sí, papá…

-Esta caña era de mi tatarabuelo. Luego fue de mi bisabuelo y de ahí pasó a mi abuelo, quien se la dio a mi padre y él me la dejo a mí…

-¡Cielos, papá! ¡Ha estado en la familia durante muchos años!

-Así es, hijo, tiene una larga historia familiar…

-¿Y qué piensas hacer con ella, papá?

-Pues, pienso dejársela a mi único heredero: tú. ¿Te interesa?

-¡Por supuesto, padre, me interesa mucho!

-¡Entonces te la vendo!

REGRESO A CASA

Cuando Jaimito y sus padres regresaron a su casa estaban muy contentos. ¡Aquellas habían sido las mejores vacaciones en todas sus vidas!

Y así, cuando finalmente llegó septiembre, comenzaron de nuevo las clases y Jaimito regresó al colegio.

La maestra de lenguaje, muy delicada, no quería que a los niños les resultara muy traumática la vuelta al colegio y sacó a relucir el tema de las vacaciones.

-Y ahora quiero que copien las frases que yo ponga en la pizarra, corrigiendo las faltas que yo ponga.

Entonces la profesora escribió en la pizarra:

"En estas vacaciones me he havurrido mucho".

-A ver Jaimito, ¿qué faltas ves tú?

-¡Veo que le faltó un novio, señorita!

Volume 3: Vacaciones con Jaimito

ABOUT THE AUTHOR

ÁLVARO PARRA PINTO is a literary author and journalist born in Caracas, Venezuela (1957). He is the editor of the South American publishing company EDICIONES DE LA PARRA and has published several of his books in Kindle format, including his bestselling series SELECTED READINGS IN EASY SPANISH. Especially designed for the intermediate language student, each volume of this series is written in simple, easy Spanish.

AMAZON AUTHOR PAGE:
http://amazon.com/author/alvaroparrapinto

Contact the Author:
ineasyspanish@gmail.com

Twitter Account:
@ineasyspanish

Published by: Ediciones De La Parra
http://www.edicionesdelaparra.com

Copyright © Alvaro Parra Pinto 2014
All Rights Reserved.

THANK YOU!

Ediciones De La Parra

Thanks a lot for reading this book!

Our main goal is to help intermediate-level readers like you, by providing simple, selected readings in easy Spanish at low prices!

If you liked this product, please give us a minute and leave your review in Amazon:

PLEASE LEAVE YOUR REVIEW AT:

AND CHECK OUT THE REST OF THE VOLUMES OF THE SPANISH LITE SERIES!

Volume 3: Vacaciones con Jaimito

FUNNY TALES IN EASY SPANISH VOLUME 1
JAIMITO VA A LA ESCUELA

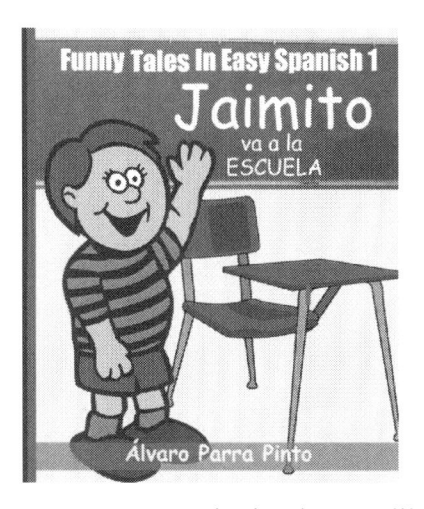

A funny tale about a young rascal who doesn´t like school in easy Spanish.

FUNNY TALES IN EASY SPANISH VOLUME 2
EL HOSPITAL LOCO

A funny tale about a hospital where the most wacky things happen in easy Spanish

FUNNY TALES IN EASY SPANISH VOLUME 3
VACACIONES CON JAIMITO

A funny tale about Jaimito and his wacky family trip to Mexico in easy Spanish

FUNNY TALES IN EASY SPANISH VOLUME 4
EL HOSPITAL LOCO 2

A new, funny tale about a hospital where the most wacky things happen in easy Spanish

Volume 3: Vacaciones con Jaimito

FUNNY TALES IN EASY SPANISH VOLUME 5
RIENDO CON JAIMITO

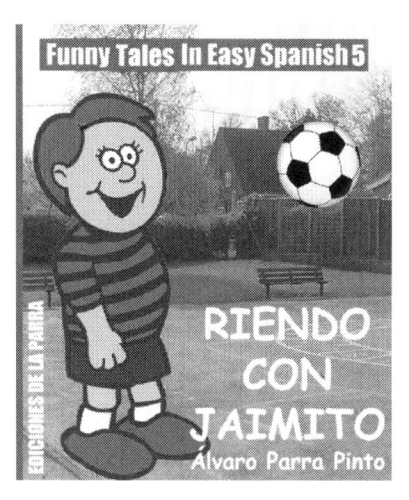

A funny tale about Jaimito and his wacky family in easy Spanish

FUNNY TALES IN EASY SPANISH VOLUME 6
NUEVAS AVENTURAS DE JAIMITO

FUNNY TALES IN EASY SPANISH VOLUME 7
JAIMITO REGRESA A CLASES

FUNNY TALES IN EASY SPANISH VOLUME 8
JAIMITO Y ELTÍO RICO

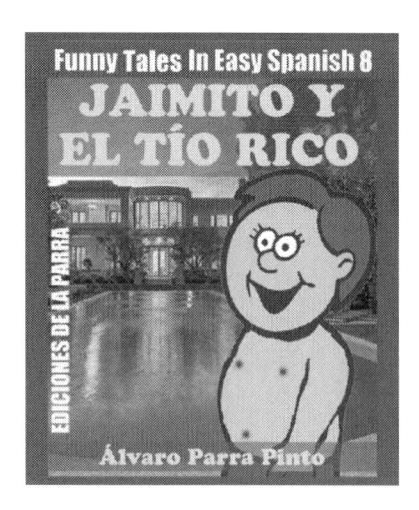

Volume 3: Vacaciones con Jaimito

FUNNY TALES IN EASY SPANISH VOLUME 9
JAIMITO Y DRÁCULA

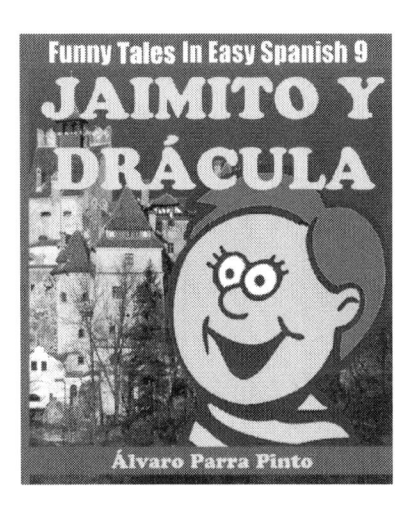

FUNNY TALES IN EASY SPANISH VOLUME 10
JAIMITO Y MISTER HYDE

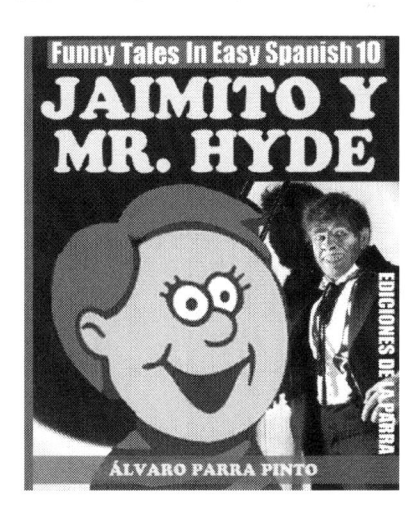

Ediciones De La Parra

Selected Readings in Easy Spanish is especially made for intermediate language students like you. Compiled, translated and edited by the Venezuelan bilingual journalist and literary author Alvaro Parra Pinto, editor of **Ediciones De La Parra.**

AMAZON AUTHOR PAGE:
http://amazon.com/author/alvaroparrapinto

CONTACT THE AUTHOR:
ineasyspanish@gmail.com

@ineasyspanish

PUBLISHED BY: EDICIONES DE LA PARRA
http://www.edicionesdelaparra.com

Copyright © Alvaro Parra Pinto 2014 All Rights Reserved.

Printed in Great Britain
by Amazon